KB212126

부모은중경 사경

김현준 편역

새벽숲

· 부모은중경 사경과 영험

사경은 기도와 수행의 한 방법이며, 우리의 삶을 밝은 쪽으로 바른 쪽으로 행복한 쪽으로 나아가게 하는 거룩한 불사입니다. 부모은중경을 써보십시오. 부모은중경을 눈으로 보고 입으로 외우고 손으로 쓰고 마음에 새기는 사경기도를 하면 참으로 무량한 공덕이 생겨납니다.

보통은 사경집을 낼 때, 이 사경집을 쓰면 어떤 공덕이 있는 지를 먼저 이야기합니다.

병고로부터 해탈하여 건강한 몸을 회복하고자 할 때

가정의 평화와 복되고 안정된 삶을 원할 때

개업 및 사업의 번창을 바랄 때

등등 영험이 있는 십여 가지 사항들을 늘어놓습니다.

그런데 이 부모은중경의 공덕은 논할 것이 없습니다.

왜?

효의 공덕이 그 어떤 공덕보다 크기 때문입니다.

효가 모든 공덕의 씨요 싹이기 때문입니다.

그러므로 어떤 공덕도 바람이 없이 이 부모은중경을 사경하십시오.

특히 이러한 시대에는 최상의 공덕이 은중경 사경에서 생겨난다는 것을 확신합니다.

꼭 세 번만 사경하십시오.

마음을 모아 세 번만 사경하십시오. 더이상은 요구하지 않습니다.

정성껏 세 번만 사경하면 평생 복덕의 기초가 잡힐 것입니다.

꼭 세 번의 사경을 진심으로 권합니다.

· 부모은중경 사경의 순서

1. 경문을 쓰기 전에

① 먼저 3배를 올린 다음 부모은중경 사경집을 펼치고 기본적인 축원부터 세 번씩 합니다.

"시방세계에 충만하신 불보살님이시여, 세세생생 지은 죄업 모두 참회합니다.

이제 부모님 은혜를 생각하며 부모은중경을 사경하는 공덕을 부모님의 건강과 행복과 평안한 삶을 위해 바칩니다.

(부모님이 돌아가셨을 경우에는 '극락왕생과 세세생생토록 지극히 행복한 삶을 누리고 위없는 깨달음을 이루어지이다.'로 축원합니다.)

아울러 저와 저희 가족 모두가 늘 건강하옵고, 하는 일들이 다 순탄하여지이다."

② 이렇게 기본적인 축원을 세 번 한 다음, 꼭 성취되기를 바라는 심중의 소원이 있으면 세 번 축원하십시오.

간결하면서도 구체적인 소원들을 문장으로 만들어 8페이지의 '부모은중경 사경 발원문' 난에 써놓고, 사경하기 전과 사경을 마친 다음 축원을 하면 좋습니다. 이때의 축원은 어떠한 것이라도 좋습니다. 꼭 이루어졌으면 하는 소원들을 불보살님께 솔직하게 바치면 됩니다.

③ 이어서 개경게를 외운 다음, 개법장진언과 '나무대보부모은중경'을 세 번씩 외우고 사경을 시작하면 됩니다.

2. 경문을 쓸 때

① 부모은중경 본문을 사경할 때는 옅게 인쇄된 글씨만을 덧입혀 쓰고, 진하게 쓴 〔 〕 안의 글자나 따옴표·중점·쉼표 등은 쓰지 않습니다.

② 사경을 할 때 바탕글씨와 똑같은 글자체로 쓰려고 애를 쓰는 분이 있는데, 꼭 그렇게 쓸 필요는 없습니다. 바탕글씨를 크게 벗어나지 않는 범위 내에서 자기 필체로 쓰면 됩니다.

③ 사경을 하다가 특별히 마음에 와 닿는 구절이 있거나 새기고 싶은 내용이 있으면 다시 한 번 읽으면서 사색에 잠기는 것도 좋습니다. 이렇게 사경을 하게 되면 부모은중경의 내용이 보다 빨리 '나' 의 것이 되고 신심이 샘 솟아, 무량공덕이 저절로 쌓이게 됩니다.

④ 그날 해야 할 사경을 마쳤으면 다시 스스로가 만든 '부모은중경 사경 발원문' 을 읽고 3배를 드린 다음 끝을 맺습니다.

· 사경 기간 및 횟수

① 이 사경집은 부모은중경을 세 번 쓸 수 있도록 엮었습니다. 앞에서 이미 밝혔듯이, 부모은중경을 3번 사경하여 효심을 심는 것만으로도 무량공덕을 샘솟게 할 수 있다고 판단되기 때문입니다.
하지만 부모님을 사모하는 마음이 크다면, 그리고 부모님의 기일이나 생신을 맞이할 때 1번씩 더 사경을 하면 참으로 보람되지 않을까 생각합니다.

② 인쇄된 글씨 위에 억지로 덧입히며 쓰지 않고 자기 필체로 쓰게 되면 한 페이지에 보통 5분~7분 정도 걸리며 부모은중경 전체를 다 쓰는 데는 4시간 가량 소요됩니다.

만약 기도할 시간이 넉넉하지 않아 한 시간 정도에서 끝마치고자 한 다면 하루에 10페이지 내외로 나누어 쓰십시오. 10페이지 내외로 쓰면 3 ~ 4일만에 부모은중경 전체를 한 번 쓸 수 있습니다. 각자의 원력과 형편에 맞추어 적당히 나누어 쓸 것을 권해봅니다.

③ 매일 쓰다가 부득이한 일이 발생하여 못 쓰게 될 경우가 있습니다. 그 때는 꼭 부처님께 못 쓰게 된 사정을 고하여 마음속으로 '다음 날 또는 사경 기간을 하루 더 연장하여 반드시 쓰겠다' 고 약속하면 됩니다.

※ 사경을 할 때는 1B 또는 2B 정도의 진한 연필(샤프)이나 볼펜 또는 가는 수성펜 등으로 쓰는 것이 좋습니다.

※ 사경한 다음, 어떻게 처리해야 되느냐를 묻는 이들이 많은데, 정성껏 쓴 사경집을 집안에 두면 불은이 충만하고 삿된 기운이 침범하지 못하게 되므로, 집안에서 좋다고 생각하는 위치에 잘 모셔 두십시오. 태우겠다 는 이들이 많은데 경전을 함부로 태우는 것은 권할 일이 아닙니다. 특별 한 이유가 없다면 함부로 태우지 말기를 부탁드립니다.

깊은 믿음으로 환희심을 품고 부모은중경 사경을 하면 대우주 법계에 가득한 부처님의 가피를 입어, 소원을 원만하게 성취함은 물론이요 크나 큰 향상과 깨달음이 함께 한다고 하였습니다. 여법히 잘 사경하시기를 두 손 모아 축원드립니다. 나무대보부모은중경.

부모은중경 사경 발원문

개경게 開經偈

가장높고 심히깊은 부처님법문 　無上甚深微妙法 ^{무상심심미묘법}

백천만겁 지나간들 어찌만나리 　百千萬劫難遭遇 ^{백천만겁난조우}

저희이제 보고듣고 받아지녀서 　我今聞見得受持 ^{아금문견득수지}

부처님의 진실한뜻 깨치오리다 　願解如來眞實意 ^{원해여래진실의}

개법장진언 開法藏眞言
옴 아라남 아라다 (3번)

나무대보부모은중경 (3번)

대보부모은중경
大報父母恩重經

〔서분序分〕

이와 같이 나는 들었다.

어느 때 부처님께서는 사위국 왕사성의 기수급고독원에서 대비구 3만8천 인과 수많은 보살마하살과 함께 계시었다.

〔정종분正宗分〕

그때 세존께서는 대중들과 함께 남방으로 가시다가, 한 무더기의 뼈를 보시고는 오체(五體)

^{投 地}

투지의 예배를 올리셨다. 이에 아난과 대중이 부처님께 여쭈었다.

"세존이시여, 여래는 ^{三 界}삼계의 큰 스승이요 ^{四 生}사생의 자비로운 어버이인지라 수많은 이들이 공경하고 귀의하옵니다. 그런데 어찌하여 마른 뼈에다 절을 하시옵니까?"

부처님께서 아난에게 이르셨다.

"네가 비록 나의 으뜸가는 제자 중 한 사람이요 출가한 지가 오래 되었지만 아직 아는 것이 넓지 못하는구나. 이 한 무더기의 마른 뼈가 어쩌면 내 전생의 조상이거나 여러 대에 걸친 부모의 뼈일 수 있기 때문에 내가 지금 예배를 하였느니라."

부처님께서 아난에게 이르셨다.

"너는 이 한 무더기 마른 뼈를 둘로 나누

어 보아라. 만약 남자의 뼈라면 희고 무거울 것이요, 여인의 뼈라면 검고 가벼우리라."

아난이 부처님께 여쭈었다.
"세존이시여, 남자는 이 세상에 살아 있을 때 큰 옷을 입고 띠를 두르고 신을 신고 모자를 쓰고 다니기에 남자임을 알 수 있고, 여인은 붉은 주사와 연지를 곱게 바르고 좋은 향으로 치장하고 다니므로 여인임을 알 수 있습니다.

그러나 죽은 다음의 백골은 남녀가 다를 바 없는데, 어찌 제자로 하여금 그것을 알아보라 하시나이까?"

부처님께서 아난에게 이르셨다.
"만약 남자라면 세상에 있을 때 절에 가서 법문도 듣고 경도 외우고 삼보께 예배하

고 염불도 하였을 것이므로, 백골이 희고 무
거우니라.

그러나 여인은 세상에 있을 때 정과 본능
을 좇아 자녀를 낳고 기르나니, 아기를 낳
을 때마다 서 말 서 되나 되는 엉긴 피를
흘리고, 여덟 섬 너 말이나 되는 모유를 먹
이기 때문에 뼈가 검고 가볍게 되느니라."

이 말씀을 듣고 가슴을 도려내는 듯한
아픔을 느낀 아난은 슬피 울면서 부처님께
아뢰었다.
"세존이시여, 어떻게 하여야 어머니의 큰
은덕을 보답할 수 있나이까?"

부처님께서 아난에게 이르셨다.
"잘 듣고 잘 들을지니라. 내 이제 너를 위
해 분별하여 해설하리라. 어머니는 아기를

잉태하여 열 달 동안 지극히 힘든 고통을 받으며 지내느니라.

잉태한 첫 달의 태아는 풀잎 위의 이슬이 아침에 잠시 있을 뿐 저녁까지 보존되지 못하는 것과 같이, 이른 새벽에 피가 모여들었다가 낮이 되면 흩어지느니라.

잉태한 지 두 달째 태아는 끓였을 때 엉긴 우유와 같이 되고

잉태한 지 세 달째 태아는 엉긴 핏덩이와 같고

잉태한 지 네 달째 태아는 차츰 사람의 모양을 이루느니라.

잉태한 지 다섯 달이 되면 어머니 뱃속에서 아기의 오포(五胞)가 생기나니, 오포는 머리와 두 팔꿈치와 두 무릎을 합친 다섯 부분이니라.

잉태한 지 여섯 달이 되면 어머니 뱃속에

서 아기의 여섯 가지 정기[六精]가 열리나니, 여섯 가지 정기란 눈·귀·코·입·혀·뜻의 육근(六根)이니라.

잉태한 지 일곱 달이 되면 태아는 어머니 뱃속에서 3백6십 뼈마디와 8만4천 모공(毛孔)이 생기느니라.

잉태한 지 여덟 달이 되면 뜻과 지혜가 생기고 구규(九竅)가 커지느니라.

＊ 구규 : 두 눈·두 귀·두 콧구멍·입·항문·요도

잉태한 지 아홉 달이면 아기가 어머니 뱃속에서 무엇인가를 먹기 시작하되 복숭아·배·마늘·오곡(五穀) 등을 직접 먹지 않느니라. 어머니의 심장 등 오장(五藏)은 아래로 향하고 대장 등의 육부(六腑)는 위로 향하는데, 그 사이에 한 산이 있느니라. 이 산은 세 가지 이름으로 불리나니, 첫째는 수미산(須彌山)이요, 둘째는 업산(業山)이며, 셋째는 혈산(血山)이니라. 이 산이 한 번씩

무너져내리면 한 줄기의 엉긴 피가 태아의 입속으로 흘러 들어가게 되느니라.

잉태한 지 열 달이 되면 비로소 태어나니, 효순한 자식이면 주먹을 모아 합장하고 나와서 어머니 몸을 상하지 않게 하느니라. 그러나 오역죄(五逆罪)를 지은 자식이면 어머니의 포태(胞胎)를 쥐어뜯거나 가슴과 배를 움켜잡거나 발로 골반뼈를 밟아, 어머니로 하여금 천 개의 칼로 배를 휘젓고 만 개의 창으로 가슴을 쑤시는 듯한 고통을 느끼게 하느니라.

이와 같이 고통을 겪으며 아기를 해산하는데, 이 위에 다시 열 가지의 큰 은혜가 있느니라."

첫째, 잉태하여 지켜주신 은혜(懷耽守護恩)이니 찬탄하노라.

여러 겁을 맺어왔던 아주 중한 인연으로

어머니의 　　태를 빌어 　　이 세상에 　　태어날새
날이 가고 　　달이 차서 　　오장들이(五臟) 　　생겨났고
일곱 달에 　　접어들어 　　육정 또한(六情) 　　열렸도다
어머니 몸 　　산과 같이 　　둔하고도 　　무거워서
쎈 바람을 　　만난 듯이 　　몸 가누기 　　어려우니
아름다운 　　비단옷은 　　걸칠 생각 　　조차 없고
매일 보던 　　경대에도 　　먼지만이 　　쌓였노라

* 육정 : 눈·귀·코·혀·몸·뜻의 육근六根

둘째, 해산할 때 수고하신 은혜〔臨産受苦恩(임산수고은)〕
이니 찬탄하노라.

귀한 아기 　　몸에 품고 　　십 개월이 　　다 차가면
참기 힘든 　　해산날이 　　하루하루 　　다가올새
아침마다 　　일어나면 　　중병 걸린 　　몸과 같고
하루하루 　　지날수록 　　정신마저 　　아득하네
두렵고도 　　떨리는 맘 　　무엇으로 　　형용할까
근심걱정 　　눈물 되어 　　옷깃 가득 　　적시누나
슬픈 생각 　　가이없어 　　친족에게 　　이르기를

이러다가   죽지않나   두렵다고   하는도다

　　셋째, 낳은 다음 근심을 잊으신 은혜[生子忘^{생 자 망}
憂恩^{우 은}]이니 찬탄하노라.

자비하신   어머니가   아들딸을   낳는그때
오장육부   갈기갈기   찢어지고   헤어져서
몸과마음   모두함께   끊어질듯   힘이들고
양을잡는   자리처럼   피가흘러   넘치지만
갓난아기   건강하다   그한마디   듣는순간
환희롭고   기쁜마음   끝도없이   커진다네
기쁜마음   안정되면   고통들이   되살아나
해산후의   아픔들이   심장까지   사무치네

　　넷째, 쓰면 삼키고 달면 뱉아서 먹인 은혜
[咽苦吐甘恩^{연 고 토 감 은}]이니 찬탄하노라.

부모님의   크신은혜   깊고또한   무겁나니
사랑으로   보살피심   한순간도   쉼없도다

이러다가   죽지않나   두렵다고   하는도다

　　셋째, 낳은 다음 근심을 잊으신 은혜[生子忘憂恩(생자망우은)]이니 찬탄하노라.

자비하신   어머니가   아들딸을   낳는그때
오장육부   갈기갈기   찢어지고   헤어져서
몸과마음   모두함께   끊어질듯   힘이들고
양을잡는   자리처럼   피가흘러   넘치지만
갓난아기   건강하다   그한마디   듣는순간
환희롭고   기쁜마음   끝도없이   커진다네
기쁜마음   안정되면   고통들이   되살아나
해산후의   아픔들이   심장까지   사무치네

　　넷째, 쓰면 삼키고 달면 뱉아서 먹인 은혜[咽苦吐甘恩(연고토감은)]이니 찬탄하노라.

부모님의   크신은혜   깊고또한   무겁나니
사랑으로   보살피심   한순간도   쉼없도다

17

단음식을　다주시어　드실것이　없어져서
쓴음식만　삼키어도　밝은얼굴　늘지니고
지중하신　사랑따라　쏟는정이　끝없으니
깊고깊은　은혜따라　애절함이　더하누나
어느때나　우리아기　잘먹일것　생각할뿐
자비하신　어머니는　굶주림도　마다않네

　다섯째, 아기는 마른자리에 뉘고 자신은
진 자리에 눕는 은혜[廻乾就濕恩]이니 찬탄하노
라.
어머니는　진자리에　당신몸을　누이시고
어린아기　고이고이　마른자리　눕히시네
두젖으로　배고픔과　목마름을　채워주고
옷소매를　드리워서　찬바람을　가려주며
잠조차도　잊으시고　한결같이　사랑하니
예쁜아기　재롱만을　기쁨으로　삼는구나
오직하나　어린아기　편한것만　생각할뿐

18

자비로운 어머니는 당신 불편 마다않네

　여섯째, 젖을 먹여 길러주신 은혜<ruby>乳哺養育恩<rt>유 포 양 육 은</rt></ruby>
이니 찬탄하노라.
　어머니의　중한 은덕　견주자면　땅과 같고
　아버님의　높은 은덕　비유하면　하늘이라
　덮어주고　살려주는　하늘땅의　은혜보다
　부모님의　크신 은혜　결코 적지　않으시니
　아기 비록　눈 없어도　미워할 줄　모르시고
　손과 발이　불구라도　싫어하지　않으시네
　배 속에서　피 나누며　친히 낳은　자식이라
　종일토록　아끼시며　사랑으로　베푸누나

　일곱째, 더러운 것을 깨끗이 씻어주신 은
혜<ruby>洗濯不淨恩<rt>세 탁 부 정 은</rt></ruby>이니 찬탄하노라.
　생각하면　옛날에는　아름다운　얼굴에다
　몸매 또한　날씬하고　부드러움　가득했네

버들같은　두눈썹은　비취빛을　띠었으며
두뺨위의　붉은빛은　연꽃보다　더했도다
자식사랑　깊을수록　고운모습　사라지고
더러운것　씻어줄때　주름들이　늘어나네
그렇지만　한결같이　사랑으로　거두시니
어머니의　얼굴모양　어찌아니　변할손가

　　여덟째, 떨어져 있는 자식을 걱정하신 은
혜[遠行憶念恩]이니 찬탄하노라.

목숨마쳐　헤어져도　잊지못할　인연인데
살아생전　헤어지면　그마음이　어떠할까
아들딸이　집을떠나　먼곳으로　가게되면
어머니의　마음또한　타향으로　떠나가네
그마음은　어느때나　자식곁에　가있나니
하염없는　눈물줄기　천줄긴가　만줄긴가
새끼생각　원숭이가　달을보고　울부짖듯
자식생각　끊임없어　애간장이　끊어지네

아홉째, 자식을 위해 몹쓸 짓도 감히 하신 은혜[爲造惡業恩]이니 찬탄하노라.

부모님의   은혜로움   강산보다   중하오니
깊고깊은   그 은덕을   언제 모두   갚으리까
아들딸의   괴로움을   대신 받기   원하시고
잘못하는   자식 보면   불안하기   한없으며
아들딸이   머나먼 길   떠나가는   그 날부터
잘 있을까   춥잖을까   밤낮으로   걱정이요
아들딸이   잠시라도   괴로운 일   겪게 되면
어머니는   오랫동안   마음 아파   하신다네

열째, 끝까지 자식을 사랑하는 은혜[究竟憐愍恩]이니 찬탄하노라.

부모님의   은혜와 덕   깊고 크고   중하여라
사랑으로   베푸심이   끊일 사이   없으시니
앉고 서는   어느 때나   그 마음이   따라가고
멀리있든   옆에있든   크신 사랑   함께 있네

어머니의 연세높아 일백살이 될지라도
팔십살된 늙은아들 어느때나 걱정하니
이와같은 크신사랑 끝날때가 언제인가
두눈감는 그때라야 그사랑이 다하려나

부처님께서 아난에게 이르셨다.

"내가 중생들을 관찰하여 보니, 비록 사람의 모습은 갖추었으나 마음씨가 어리석고 어두워서, 부모의 은덕이 이토록 크다는 것을 생각하지 아니하고 공경하는 마음을 내지 않으며, 은혜를 저버리고 배반을 하거나, 인자한 마음을 잃고 불효와 불의를 범하는 이가 많으니라.

어머니가 아기를 잉태한 열 달 동안은 일어서고 앉는 것이 편안하지 아니함이 마치 무거운 짐을 진 것과 같고, 음식을 잘 소화시키지 못함이 마치 큰 병자와 같으니라.

달이 차서 아기를 낳을 때 또한 온갖 고통을 받나니, 잠깐의 잘못으로 죽게 되지나 않을까 두려워하고, 돼지나 양을 잡을 때처럼 많은 피를 흘려 바닥을 적시기도 하느니라.

이러한 고통을 겪으며 자식을 낳은 다음에는 쓴 것은 삼키고 단것은 뱉아서 아기에게 먹이며, 품에 안고 고이 기르느니라.

똥오줌을 치우고 빨래하는 것을 수고롭게 여기지 않고, 추위와 더위를 견디는 것을 고생이라 생각하지 않으며, 마른자리에는 아기를 눕히고 젖은 자리는 어머니가 차지하느니라.

3년 동안 어머니의 젖을 먹고 점점 자라 나이가 찰 때까지 예절과 도의를 가르치며, 장가들이고 시집보내고 벼슬도 얻게 하고 직업도 갖게 하느니라.

수고롭게 가르치고 정성 들여 기르는 일이 끝나도 부모의 은혜로운 정은 끊이지 않나니, 아들딸이 병이 나면 부모도 병이 나고 아들딸의 병이 나으면 부모의 병도 곧 낫느니라.

이렇게 양육하며 어서 어른이 되기를 바라건만, 자식은 장성한 뒤에 도리어 효도를 하지 않느니라.

어른들과 이야기할 때 거칠게 대꾸하고, 심지어 눈을 흘기고 눈알을 부라리며 부모와 삼촌들을 능멸하며, 형제들을 때리거나 욕하고, 친척들을 헐뜯느니라.

예의가 없어 스승의 가르침을 따르지 않고, 부모의 가르침이나 분부를 따르지 않으며, 형제끼리 함께 한 말도 짐짓 지키지 않느니라.

출입하고 왕래를 할 때 어른께 아뢰지 않고, 말과 행실이 교만하고 버릇이 없으며, 일을 제멋대로 처리하느니라.

이때 부모는 훈계하고 벌을 주어야 하며, 친척들 또한 잘못을 일러주어야 하거늘, 어려서부터 귀엽게만 생각하고 감싸기만 하기 때문에, 자라나면서 점점 사나워지고 비뚤어져서 잘못을 고치기는커녕, 잘못을 일러주면 오히려 성을 내고 원망하고 착한 벗들을 버리고 악한 사람을 가까이 하느니라.

이러한 습성이 거듭되면 마침내 몹쓸 계교를 꾸미다가 남의 꾀임에 빠져 타향으로 도망쳐서, 부모를 등지고 고향을 등진 곳에서 장사를 하거나 싸움터에 나가 그럭저럭 지내다가, 문득 혼인을 하게 되면 이것이 걸림이 되어 오래도록 집으로 돌아가지 않느

니라.

　또한 타향에서 함부로 행동하거나 남의 모략을 받아 구금을 당하거나 억울한 형벌을 받아 감옥에 갇히거나, 병을 얻고 모진 액난에 얽혀 곤란과 고통과 배고픔과 고달픔에 시달릴지라도 돌보아주는 사람이 없느니라.

　또 남의 미움과 천대를 받아 길거리에 나앉아 죽게 되어도 누구 하나 보살펴 줄 사람이 없고, 죽은 다음 시체가 퉁퉁 부어올랐다가 썩어 문드러지면 백골이 바람을 맞으며 타향 땅에서 굴러다니나니, 부모 친족들과 기쁘게 만날 기회는 영영 없어지고 마느니라.

　이때 부모의 마음은 자식을 따르기 마련이므로 길이길이 근심 걱정을 하나니, 혹은 피눈물을 흘리며 울다가 실명을 하고, 혹은 너무 슬퍼하다가. 기운이 쇠진하여 병들기도 하고, 혹은 자식 걱정으로 쇠약해진 끝에 한을 품고 죽어 외로운 혼이 되어서도 끝내 자식 생각을 놓지 못하느니라.

또 자식이 효도와 의리를 숭상하지 아니하고 나쁜 무리들과 어울려서 무례하고 거칠고 이익이 없는 일을 즐겨 익히거나, 남과 싸우고 때리고 도둑질 하고 남의 마을에 침범하거나 술 마시고 노름하는 등의 여러 가지 허물을 두루 범하여, 형제들에게 누를 끼치고 부모님께 큰 근심을 주느니라.

새벽에 집을 나가서는 늦게 돌아와 부모를 항상 근심하게 할 뿐, 부모의 사정이나 안부는 아랑곳하지 않고 문안을 드리지도 않느니라.

길이 부모를 편히 모시겠다는 생각은 아

예 없고, 부모의 나이가 많아져서 쇠약하고 파리하게 되면, 남들 보기에 수치스럽다며 구박을 하고 괄시를 하느니라.

또한 아버지가 홀로 되거나 어머니가 홀로 되어 빈방을 지키게 되면 마치 객실에 묵고 있는 나그네 마냥 여겨서 방이나 이불에 먼지가 쌓여도 청소를 해주지 않으며, 아침 저녁 인사를 아예 끊고 추운지 더운지 주린 지 목마른지 전혀 아는 체 하지 않나니, 이로 인해 부모는 밤낮으로 탄식하고 슬퍼하느니라.

맛있는 음식이 있으면 마땅히 얻어다가 부모님께 드려야 하거늘, 짐짓 부끄럽고 다른 사람들이 웃는다며 얻어오지 않느니라. 그러나 처자식에게 줄 때는 음식을 얻는 일이 궁색하고 피로하고 창피할지라도 능히

참아내느니라.

또 아내와의 약속은 무슨 일이든지 다 지키면서 부모의 말씀과 꾸지람은 전혀 어려워하거나 두렵게 생각하지 않느니라.

또 결혼하여 남의 배필이 된 딸들은 결혼 전의 효순 하던 것과는 달리 시집간 다음에는 불효한 마음이 차츰 늘어서, 부모의 조그마한 꾸중에도 곧바로 화를 내느니라.

제 남편이 꾸중하고 때리면 달갑게 받아들이고, 성이 다른 남편 쪽의 종친에게는 정을 내고 정중히 대하면서도, 친정의 친척에게는 도리어 성글게 대하느니라.

또 남편을 따라서 타향으로 옮겨 가게 되면 멀리 계신 부모에 대해 사모하는 생각이 없는 듯 소식을 끊나니, 소식을 알지 못하는 부모는 애가 타고 거꾸로 매달린 듯한

고통 속에서 얼굴을 한번 보기를 원하나니,
마치 목마른 이가 물 생각을 하듯이 잠시도
그칠 날이 없으니라.

　부모의 은덕은 한량없고 끝이 없으며, 불
효의 허물은 말로써 다 드러내기조차 어려
우니라."

　그때 대중들은 부모의 은덕을 설하신 부
처님의 말씀이 너무나 사무쳐서 몸을 땅바
닥에 던졌다. 그들은 털구멍마다 피를 쏟고
혼절하였다가 한참 만에 깨어나서 큰소리로
울부짖었다.

　"슬프고 괴롭습니다. 저희가 죄인임을 비
로소 알았습니다. 지금까지 깨닫지 못하고
깜깜한 밤길을 다니듯이 하다가, 이제 잘
못을 깨닫고 보니 가슴속이 다 부서지는
것 같습니다.

바라옵건대 세존이시여, 저희를 불쌍히 여겨 구원해 주옵소서. 어떻게 하여야 부모의 깊은 은혜를 갚을 수 있나이까?"

그때 여래께서는 여덟 가지를 깊고도 장중한 범음(梵音)으로 대중들에게 이르셨다.
"너희는 잘 들어라. 내가 이제 너희를 위해 분별하여 해설해주리라.

①가령 어떤 이가 왼쪽 어깨 위에 아버지를 모시고 오른쪽 어깨 위에 어머니를 모시고서 수미산을 백천 번을 돌되, 피부가 다 닳아 뼈가 드러나고 뼈가 뚫어져 골수가 드러날지라도, 부모의 깊은 은혜는 다 갚지 못하느니라.

②가령 어떤 이가 흉년을 당하였을 때 부모를 위하여 자기의 몸에 있는 살을 다 도

려내고 티끌같이 잘게 썰어 공양하기를 백천 겁 동안 계속할지라도, 부모의 깊은 은혜는 다 갚지 못하느니라.

③가령 어떤 이가 부모를 위하여 날카로운 칼로 소중한 눈을 도려내어 부처님께 바치기를 백천 겁 동안 계속할지라도, 부모의 깊은 은혜는 다 갚지 못하느니라.

④가령 어떤 이가 부모를 위하여 날카로운 칼로 자기의 심장과 간을 베어내고 피가 온 땅을 덮어도 그 고통을 마다하지 않기를 백천 겁 동안 계속할지라도, 부모의 깊은 은혜는 다 갚지 못하느니라.

⑤가령 어떤 이가 부모를 위하여 백천 자루의 칼로 자기의 몸을 찔러 칼날이 좌우로 드나들게 하기를 백천 겁 동안 계속할지라도, 부모의 깊은 은혜는 다 갚지 못하느니라.

⑥가령 어떤 이가 부모를 위하여 자기의 몸에 불을 붙여 등불로 만든 다음 부처님께 공양하기를 백천 겁 동안 계속할지라도, 부모의 깊은 은혜는 다 갚지 못하느니라.

⑦가령 어떤 이가 부모를 위하여 뼈를 부수어 골수를 내고 백천 개의 칼날과 창끝으로 일시에 자기 몸을 찌르기를 백천 겁 동안을 계속할지라도, 부모의 깊은 은혜는 다 갚지 못하느니라.

⑧가령 어떤 이가 부모를 위하여 뜨거운 무쇠 덩어리를 삼키며 백천 겁 동안 온몸을 태워 문드러지게 할지라도, 부모의 깊은 은혜는 다 갚지 못하느니라."

그때 대중들은 부처님께서 설하신 부모의 은덕을 듣고 슬피 울면서 부처님께 아뢰었다.

"세존이시여, 저희가 큰 죄인임을 이제야 알았나이다. 어떻게 하여야 부모의 깊은 은혜를 갚을 수 있겠나이까?"

부처님께서 제자들이게 이르셨다.
"부모의 은혜를 갚고자 하거든
① 부모를 위하여 이 경을 쓰고 [書寫此經]
② 부모를 위하여 이 경을 읽고 [讀誦此經]
③ 부모를 위하여 허물을 참회하고 [懺悔罪愆]
④ 부모를 위하여 삼보에 공양하고 [供養三寶]
⑤ 부모를 위하여 재계를 지키고 [受持齋戒]
⑥ 부모를 위하여 보시하고 복을 닦을지니라 [布施修福].

또 자식 된 사람이 밖에서 햇과일을 얻거든 집으로 가지고 와서 부모에게 드릴지니라. 부모는 이것을 얻어 기뻐하면서, 스스로

34

만 먹을 수 없다며 삼보께 올려 공양하게 되면, 곧 보리심을 일으키게 될 것이니라.

부모가 병이 나면 곁을 떠나지 말고 친히 간호할지니라. 주야로 삼보께 귀의하고 부모의 병이 낫기를 축원하며, 잠시라도 은혜를 잊어서는 안 되느니라.

부모가
완고하여 삼보를 받들지 아니하고
어질지 못하여 남을 상하게 하고
의롭지 못하여 남의 물건을 훔치고
예절이 없어 몸을 단정히 하지 못하고
신의가 없어 남을 속이고
지혜가 없어 술에 빠지거든
자식은 그 잘못을 말하고 깨우쳐 주어야 하느니라.

그래도 깨우치지 아니하면 울고 호소하며 스스로의 식음을 전폐할지니라. 부모가 비록

완고할지라도 자식이 죽는 것은 두려워하므로 은애의 정에 못 이겨 바른길로 들어서게 되느니라.

부모가 마침내 오계^{五戒}를 받들어,
자비를 알아 죽이지 아니하고
옳음을 알아 훔치지 아니하고
예절을 알아 방탕하지 아니하고
믿음을 알아 속이지 아니하고
지혜를 알아 술 취하지 아니하면
이승에서는 편안 속에 살고 저승에서는 천상에 나게 되어, 부처님을 뵈옵고 법문을 들어 길이길이 지옥의 괴로움을 면하게 되느니라.

만약 능히 이와 같이 하면 효순 하는 자식이라 할 것이요, 이러한 행을 닦지 않으면 지옥의 식구가 될 것이니라.”

부처님께서 아난에게 이르셨다.

"불효한 자식은 목숨이 다하면 아비무간 지옥에 떨어지느니라.

이 대지옥은 가로 세로의 길이가 8만 유순이요, 사면이 무쇠성으로 둘러싸여 있고, 그 주위에 쇠그물이 둘러쳐져 있느니라. 붉은 무쇠로 되어 있는 땅에서는 뜨거운 불기둥이 활활 솟으며, 맹렬한 불길이 우레같이 퍼져 가고 번개같이 번쩍이느니라.

여기에서는 구리와 무쇠를 끓여 녹인 물을 죄인의 입에 부어 넣고, 무쇠로 된 뱀과 구리로 된 개가 연신 불꽃과 연기를 뿜어 죄인의 살을 태우되 기름에 들볶듯이 하나니, 그 고통은 참으로 참기 어렵고 견디기 어려우니라.

또 쇠채찍과 쇠꼬챙이와 쇠망치와 쇠창과 칼이 비나 구름처럼 공중에서 쏟아져 내려

由 旬

37

와서 죄인을 베거나 찔러 심한 고통을 주되, 여러 겁 동안 잠시도 끊일 사이 없이 고통을 받느니라.

이 죄인이 다시 다른 지옥으로 들어가면, 불화로를 머리에 이게 한 다음, 무쇠 수레를 몰아 사지를 찢으면 창자와 뼈와 살이 불타고 사방으로 흩어지나니, 이렇게 하루에도 천번 만번을 죽고 살아나기를 되풀이하느니라.

이와 같은 고통을 받게 되는 것은 모두가 전생에 오역(五逆)의 불효한 죄를 범한 때문이니라."

그때 대중들이 부처님의 말씀을 듣고 슬피 울면서 부처님께 아뢰었다.

"저희들가 어떻게 하여야 부모의 깊은 은혜를 갚을 수 있나이까?"

부처님께서 제자들에게 이르셨다.

"부모의 은혜를 갚고자 하거든 부모를 위하여 경전을 펴내도록 하여라. 이것이 참으로 부모의 은혜를 갚는 길이다.

경전 한 권을 만들면 능히 한 부처님을 뵈올 수 있고, 열 권을 만들면 열 부처님을 뵈올 수 있고, 백 권을 만들면 백 부처님을 뵈올 수 있고, 천 권을 만들면 천 부처님을 뵈올 수 있고, 만 권을 만들면 만 부처님을 뵈올 수 있느니라.

이 사람이 경을 펴낸 공덕의 힘으로 부처님들께서 항상 옹호하시어, 그의 부모는 지옥의 고통을 영원히 떠나게 하고, 천상에 태어나 모든 즐거움을 누릴 수 있게 해주시느니라."

그때 여러 대중 가운데 있던 천·용·야차·건달바·아수라·가루라·긴나라·마후라가·인비인(人非人) 등과 여러 작은 나라의 왕들과 전륜성왕(轉輪聖王) 등의 모든 대중들이 부처님의 말씀을 듣고 각기 다음과 같은 원을 발하였다.

"저희는 미래 세상이 다할 때까지,
차라리 이 몸을 부순 다음 가는 먼지를 만들어 백천 겁을 지날지언정, 맹세코 부처님의 거룩하신 가르침을 어기지 않겠나이다.
차라리 백천 겁 동안 혀를 백 유순의 길이가 되도록 뽑아 쇠로 만든 쟁기로 갈아서 피가 강을 이룰지언정, 맹세코 부처님의 거룩하신 가르침을 어기지 않겠나이다.

차라리 백천 자루의 칼로 이 몸을 찔러 좌우로 드나들게 할지언정, 맹세코 부처님의 거룩하신 가르침을 어기지 않겠나이다.

차라리 쇠그물로 이 몸을 얽어 백천 겁을 지낼지언정, 맹세코 부처님의 거룩하신 가르침을 어기지 않겠나이다.

차라리 방아로 이 몸을 찧어 백천만 조각이 나고 가죽과 살과 힘줄과 뼈가 모두 가루가 되어 떨어져 나가기를 백천 겁 동안 계속할지언정, 마침내 부처님의 거룩하신 가르침을 어기지 않겠나이다."

그때 아난이 부처님께 여쭈었다.
"세존이시여, 이 경의 이름은 무엇이오며, 저희가 어떻게 받들어 지녀야 하나이까?"

부처님께서 아난에게 이르셨다.

大報父母恩重經

"이 경의 이름은 대보부모은중경이니, 너희는 이 이름으로 항상 받들고 지닐지니라."

그때 천신과 사람과 아수라 등의 대중들 모두가 부처님의 말씀을 듣고 크게 환희하여 믿고 받들고 지녔으며, 부처님께 예를 올리고 물러갔다.

불자   이
불기25 년 월 일 ~ 월 일
대보부모은중경 제   회 사경을 하여
부처님전과 부모님께 올리옵니다.

대보부모은중경
大報父母恩重經

[서분序分]

이와 같이 나는 들었다.

어느 때 부처님께서는 사위국 왕사성의 기수급고독원에서 대비구 3만8천 인과 수많은 보살마하살과 함께 계시었다.

[정종분正宗分]

그때 세존께서는 대중들과 함께 남방으로 가시다가, 한 무더기의 뼈를 보시고는 오체 五體

투지^{投地}의 예배를 올리셨다. 이에 아난과 대중이 부처님께 여쭈었다.

"세존이시여, 여래는 삼계^{三界}의 큰 스승이요 사생^{四生}의 자비로운 어버이인지라 수많은 이들이 공경하고 귀의하옵니다. 그런데 어찌하여 마른 뼈에다 절을 하시옵니까?"

부처님께서 아난에게 이르셨다.

"네가 비록 나의 으뜸가는 제자 중 한 사람이요 출가한 지가 오래 되었지만 아직 아는 것이 넓지 못하는구나. 이 한 무더기의 마른 뼈가 어쩌면 내 전생의 조상이거나 여러 대에 걸친 부모의 뼈일 수 있기 때문에 내가 지금 예배를 하였느니라."

부처님께서 아난에게 이르셨다.

"너는 이 한 무더기 마른 뼈를 둘로 나누

어 보아라. 만약 남자의 뼈라면 희고 무거울 것이요, 여인의 뼈라면 검고 가벼우리라."

아난이 부처님께 여쭈었다.
"세존이시여, 남자는 이 세상에 살아 있을 때 큰 옷을 입고 띠를 두르고 신을 신고 모자를 쓰고 다니기에 남자임을 알 수 있고, 여인은 밝은 주사와 연지를 곱게 바르고 좋은 향으로 치장하고 다니므로 여인임을 알 수 있습니다.

그러나 죽은 다음의 백골은 남녀가 다를 바 없는데, 어찌 제자로 하여금 그것을 알아 보라 하시나이까?"

부처님께서 아난에게 이르셨다.
"만약 남자라면 세상에 있을 때 절에 가서 법문도 듣고 경도 외우고 삼보께 예배하

고 염불도 하였을 것이므로, 백골이 희고 무거우니라.

그러나 여인은 세상에 있을 때 정과 본능을 좇아 자녀를 낳고 기르나니, 아기를 낳을 때마다 서 말 서 되나 되는 엉긴 피를 흘리고, 여덟 섬 너 말이나 되는 모유를 먹이기 때문에 뼈가 검고 가볍게 되느니라."

이 말씀을 듣고 가슴을 도려내는 듯한 아픔을 느낀 아난은 슬피 울면서 부처님께 아뢰었다.
"세존이시여, 어떻게 하여야 어머니의 큰 은덕을 보답할 수 있나이까?"

부처님께서 아난에게 이르셨다.
"잘 듣고 잘 들을지니라. 내 이제 너를 위해 분별하여 해설하리라. 어머니는 아기를

잉태하여 열 달 동안 지극히 힘든 고통을 받으며 지내느니라.

잉태한 첫 달의 태아는 풀잎 위의 이슬이 아침에 잠시 있을 뿐 저녁까지 보존되지 못하는 것과 같이, 이른 새벽에 피가 모여들었다가 낮이 되면 흩어지느니라.

잉태한 지 두 달째 태아는 끓였을 때 엉긴 우유와 같이 되고

잉태한 지 세 달째 태아는 엉긴 핏덩이와 같고

잉태한 지 네 달째 태아는 차츰 사람의 모양을 이루느니라.

잉태한 지 다섯 달이 되면 어머니 뱃속에서 아기의 오포(五胞)가 생기나니, 오포는 머리와 두 팔꿈치와 두 무릎을 합친 다섯 부분이니라.

잉태한 지 여섯 달이 되면 어머니 뱃속에

서 아기의 여섯 가지 정기[六精]가 열리나니, 여섯 가지 정기란 눈·귀·코·입·혀·뜻의 육근이니라.

잉태한 지 일곱 달이 되면 태아는 어머니 뱃속에서 3백6십 뼈마디와 8만4천 모공이 생기느니라.

잉태한 지 여덟 달이 되면 뜻과 지혜가 생기고 구규가 커지느니라.

　* 구규 : 두 눈·두 귀·두 콧구멍·입·항문·요도

잉태한 지 아홉 달이면 아기가 어머니 뱃속에서 무엇인가를 먹기 시작하되 복숭아·배·마늘·오곡 등을 직접 먹지 않느니라. 어머니의 심장 등 오장은 아래로 향하고 대장 등의 육부는 위로 향하는데, 그 사이에 한 산이 있느니라. 이 산은 세 가지 이름으로 불리나니, 첫째는 수미산이요, 둘째는 업산이며, 셋째는 혈산이니라. 이 산이 한 번씩

무너져내리면 한 줄기의 엉긴 피가 태아의 입속으로 흘러 들어가게 되느니라.

잉태한 지 열 달이 되면 비로소 태어나니, 효순한 자식이면 주먹을 모아 합장하고 나와서 어머니 몸을 상하지 않게 하느니라. 그러나 오역죄(五逆罪)를 지은 자식이면 어머니의 포태(胞胎)를 쥐어뜯거나 가슴과 배를 움켜잡거나 발로 골반뼈를 밟아, 어머니로 하여금 천 개의 칼로 배를 휘젓고 만 개의 창으로 가슴을 쑤시는 듯한 고통을 느끼게 하느니라.

이와 같이 고통을 겪으며 아기를 해산하는데, 이 위에 다시 열 가지의 큰 은혜가 있느니라."

첫째, 잉태하여 지켜주신 은혜[懷耽守護恩]이니 찬탄하노라.
여러 겁을 맺어왔던 아주 중한 인연으로

49

어머니의   태를빌어   이세상에   태어날새
날이가고   달이차서   오장(五臟)들이   생겨났고
일곱달에   접어들어   육정(六情) 또한   열렸도다
어머니몸   산과같이   둔하고도   무거워서
쎈 바람을   만난듯이   몸가누기   어려우니
아름다운   비단옷은   걸칠 생각   조차 없고
매일 보던   경대에도   먼지만이   쌓였노라

* 육정 : 눈·귀·코·혀·몸·뜻의 육근六根

둘째, 해산할 때 수고하신 은혜[臨産受苦恩]
이니 찬탄하노라.

귀한 아기   몸에 품고   십 개월이   다 차가면
참기 힘든   해산날이   하루하루   다가올새
아침마다   일어나면   중병 걸린   몸과 같고
하루하루   지날수록   정신마저   아득하네
두렵고도   떨리는 맘   무엇으로   형용할까
근심걱정   눈물 되어   옷깃 가득   적시누나
슬픈 생각   가이없어   친족에게   이르기를

50

이러다가   죽지않나   두렵다고   하는도다

    셋째, 낳은 다음 근심을 잊으신 은혜〔生子忘
憂恩〕이니 찬탄하노라.

자비하신   어머니가   아들딸을   낳는 그때
오장육부   갈기갈기   찢어지고   헤어져서
몸과 마음   모두함께   끊어질 듯   힘이 들고
양을 잡는   자리처럼   피가 흘러   넘치지만
갓난아기   건강하다   그 한마디   듣는 순간
환희롭고   기쁜 마음   끝도 없이   커진다네
기쁜 마음   안정되면   고통들이   되살아나
해산 후의   아픔들이   심장까지   사무치네

    넷째, 쓰면 삼키고 달면 뱉아서 먹인 은혜
〔咽苦吐甘恩〕이니 찬탄하노라.

부모님의   크신은혜   깊고 또한   무겁나니
사랑으로   보살피심   한순간도   쉼없도다

단 음식을   다 주시어   드실 것이   없어져서
쓴 음식만   삼키어도   밝은 얼굴   늘 지니고
지중하신   사랑 따라   쏟는 정이   끝없으니
깊고 깊은   은혜 따라   애절함이   더하누나
어느 때나   우리 아기   잘 먹일 것   생각할 뿐
자비하신   어머니는   굶주림도   마다않네

　　다섯째, 아기는 마른자리에 뉘고 자신은
진 자리에 눕는 은혜 회건취습은[廻乾就濕恩]이니 찬탄하노
라.

어머니는   진자리에   당신 몸을   누이시고
어린아기   고이고이   마른자리   눕히시네
두 젖으로   배고픔과   목마름을   채워주고
옷소매를   드리워서   찬바람을   가려주며
잠조차도   잊으시고   한결같이   사랑하니
예쁜아기   재롱만을   기쁨으로   삼는구나
오직 하나   어린아기   편한 것만   생각할 뿐

자비로운 어머니는 당신불편 마다않네

　여섯째, 젖을 먹여 길러주신 은혜[乳哺養育恩]
이니 찬탄하노라.

어머니의　중한은덕　견주자면　땅과같고
아버님의　높은은덕　비유하면　하늘이라
덮어주고　살려주는　하늘땅의　은혜보다
부모님의　크신은혜　결코적지　않으시니
아기비록　눈없어도　미워할줄　모르시고
손과발이　불구라도　싫어하지　않으시네
배속에서　피나누며　친히낳은　자식이라
종일토록　아끼시며　사랑으로　베푸누나

　일곱째, 더러운 것을 깨끗이 씻어주신 은
혜[洗濯不淨恩]이니 찬탄하노라.

생각하면　옛날에는　아름다운　얼굴에다
몸매또한　날씬하고　부드러움　가득했네

버들같은   두 눈썹은   비췻빛을   띠었으며
두 뺨 위의   붉은빛은   연꽃보다   더했도다
자식 사랑   깊을수록   고운 모습   사라지고
더러운 것   씻어줄 때   주름들이   늘어나네
그렇지만   한결같이   사랑으로   거두시니
어머니의   얼굴 모양   어찌 아니   변할손가

여덟째, 떨어져 있는 자식을 걱정하신 은
혜[遠行憶念恩]원 행 억 념 은이니 찬탄하노라.

목숨 마쳐   헤어져도   잊지 못할   인연인데
살아생전   헤어지면   그 마음이   어떠할까
아들딸이   집을 떠나   먼 곳으로   가게 되면
어머니의   마음 또한   타향으로   떠나가네
그 마음은   어느 때나   자식 곁에   가 있나니
하염없는   눈물 줄기   천 줄긴가   만 줄긴가
새끼 생각   원숭이가   달을 보고   울부짖듯
자식 생각   끊임없어   애간장이   끊어지네

아홉째, 자식을 위해 몹쓸 짓도 감히 하신 은혜[爲造惡業恩]위 조 악 업 은이니 찬탄하노라.

부모님의　은혜로움　강산보다　중하오니
깊고깊은　그은덕을　언제 모두　갚으리까
아들딸의　괴로움을　대신 받기　원하시고
잘못 하는　자식 보면　불안하기　한없으며
아들딸이　머나먼길　떠나가는　그 날부터
잘 있을까　춥잖을까　밤낮으로　걱정이요
아들딸이　잠시라도　괴로운일　겪게 되면
어머니는　오랫동안　마음아파　하신다네

열째, 끝까지 자식을 사랑하는 은혜[究竟憐구 경 연愍恩]민 은이니 찬탄하노라.

부모님의　은혜와 덕　깊고크고　중하여라
사랑으로　베푸심이　끊일사이　없으시니
앉고서는　어느때나　그 마음이　따라가고
멀리있든　옆에있든　크신 사랑　함께 있네

어머니의 연세 높아 일백 살이 될지라도
팔십 살 된 늙은 아들 어느 때나 걱정하니
이와 같은 크신 사랑 끝날 때가 언제인가
두 눈 감는 그때라야 그 사랑이 다하려나

부처님께서 아난에게 이르셨다.

"내가 중생들을 관찰하여 보니, 비록 사람의 모습은 갖추었으나 마음씨가 어리석고 어두워서, 부모의 은덕이 이토록 크다는 것을 생각하지 아니하고 공경하는 마음을 내지 않으며, 은혜를 저버리고 배반을 하거나, 인자한 마음을 잃고 불효와 불의를 범하는 이가 많으니라.

어머니가 아기를 잉태한 열 달 동안은 일어서고 앉는 것이 편안하지 아니함이 마치 무거운 짐을 진 것과 같고, 음식을 잘 소화시키지 못함이 마치 큰 병자와 같으니라.

달이 차서 아기를 낳을 때 또한 온갖 고
통을 받나니, 잠깐의 잘못으로 죽게 되지나
않을까 두려워하고, 돼지나 양을 잡을 때처
럼 많은 피를 흘려 바닥을 적시기도 하느니
라.

이러한 고통을 겪으며 자식을 낳은 다음
에는 쓴 것은 삼키고 단것은 뱉아서 아기에
게 먹이며, 품에 안고 고이 기르느니라.

똥오줌을 치우고 빨래하는 것을 수고롭게
여기지 않고, 추위와 더위를 견디는 것을 고
생이라 생각하지 않으며, 마른자리에는 아기
를 눕히고 젖은 자리는 어머니가 차지하느
니라.

3년 동안 어머니의 젖을 먹고 점점 자라
나이가 찰 때까지 예절과 도의를 가르치며,
장가들이고 시집보내고 벼슬도 얻게 하고
직업도 갖게 하느니라.

수고롭게 가르치고 정성 들여 기르는 일이 끝나도 부모의 은혜로운 정은 끊이지 않나니, 아들딸이 병이 나면 부모도 병이 나고 아들딸의 병이 나으면 부모의 병도 곧 낫느니라.

이렇게 양육하며 어서 어른이 되기를 바라건만, 자식은 장성한 뒤에 도리어 효도를 하지 않느니라.

어른들과 이야기할 때 거칠게 대꾸하고, 심지어 눈을 흘기고 눈알을 부라리며 부모와 삼촌들을 능멸하며, 형제들을 때리거나 욕하고, 친척들을 헐뜯느니라.

예의가 없어 스승의 가르침을 따르지 않고, 부모의 가르침이나 분부를 따르지 않으며, 형제끼리 함께 한 말도 짐짓 지키지 않느니라.

출입하고 왕래를 할 때 어른께 아뢰지 않고, 말과 행실이 교만하고 버릇이 없으며, 일을 제멋대로 처리하느니라.

이때 부모는 훈계하고 벌을 주어야 하며, 친척들 또한 잘못을 일러주어야 하거늘, 어려서부터 귀엽게만 생각하고 감싸기만 하기 때문에, 자라나면서 점점 사나워지고 비뜰어져서 잘못을 고치기는커녕, 잘못을 일러주면 오히려 성을 내고 원망하고 착한 벗들을 버리고 악한 사람을 가까이 하느니라.

이러한 습성이 거듭되면 마침내 몹쓸 계교를 꾸미다가 남의 꾀임에 빠져 타향으로 도망쳐서, 부모를 등지고 고향을 등진 곳에서 장사를 하거나 싸움터에 나가 그럭저럭 지내다가, 문득 혼인을 하게 되면 이것이 걸림이 되어 오래도록 집으로 돌아가지 않느

니라.

　또한 타향에서 함부로 행동하거나 남의 모략을 받아 구금을 당하거나 억울한 형벌을 받아 감옥에 갇히거나, 병을 얻고 모진 액난에 얽혀 곤란과 고통과 배고픔과 고달픔에 시달릴지라도 돌보아주는 사람이 없느니라.

　또 남의 미움과 천대를 받아 길거리에 나앉아 죽게 되어도 누구 하나 보살펴 줄 사람이 없고, 죽은 다음 시체가 퉁퉁 부어올랐다가 썩어 문드러지면 백골이 바람을 맞으며 타향 땅에서 굴러다니나니, 부모 친족들과 기쁘게 만날 기회는 영영 없어지고 마느니라.

　이때 부모의 마음은 자식을 따르기 마련이므로 길이길이 근심 걱정을 하나니, 혹은 피눈물을 흘리며 울다가 실명을 하고, 혹은 너무 슬퍼하다가 기운이 쇠진하여 병들기도 하고, 혹은 자식 걱정으로 쇠약해진 끝에 한을 품고 죽어 외로운 혼이 되어서도 끝내 자식 생각을 놓지 못하느니라.

또 자식이 효도와 의리를 숭상하지 아니하고 나쁜 무리들과 어울려서 무례하고 거칠고 이익이 없는 일을 즐겨 익히거나, 남과 싸우고 때리고 도둑질 하고 남의 마을에 침범하거나 술 마시고 노름하는 등의 여러 가지 허물을 두루 범하여, 형제들에게 누를 끼치고 부모님께 큰 근심을 주느니라.

새벽에 집을 나가서는 늦게 돌아와 부모를 항상 근심하게 할 뿐, 부모의 사정이나 안부는 아랑곳하지 않고 문안을 드리지도 않느니라.

길이 부모를 편히 모시겠다는 생각은 아

예 없고, 부모의 나이가 많아져서 쇠약하고 파리하게 되면, 남들 보기에 수치스럽다며 구박을 하고 괄시를 하느니라.

또한 아버지가 홀로 되거나 어머니가 홀로 되어 빈방을 지키게 되면 마치 객실에 묵고 있는 나그네 마냥 여겨서 방이나 이불에 먼지가 쌓여도 청소를 해주지 않으며, 아침 저녁 인사를 아예 끊고 추운지 더운지 주린지 목마른지 전혀 아는 체 하지 않나니, 이로 인해 부모는 밤낮으로 탄식하고 슬퍼하느니라.

맛있는 음식이 있으면 마땅히 얻어다가 부모님께 드려야 하거늘, 짐짓 부끄럽고 다른 사람들이 웃는다며 얻어오지 않느니라. 그러나 처자식에게 줄 때는 음식을 얻는 일이 궁색하고 피로하고 창피할지라도 능히

참아내느니라.

   또 아내와의 약속은 무슨 일이든지 다 지키면서 부모의 말씀과 꾸지람은 전혀 어려워하거나 두렵게 생각하지 않느니라.

   또 결혼하여 남의 배필이 된 딸들은 결혼 전의 효순 하던 것과는 달리 시집간 다음에는 불효한 마음이 차츰 늘어서, 부모의 조그마한 꾸중에도 곧바로 화를 내느니라.

   제 남편이 꾸중하고 때리면 달갑게 받아들이고, 성이 다른 남편 쪽의 종친에게는 정을 내고 정중히 대하면서도, 친정의 친척에게는 도리어 성글게 대하느니라.

   또 남편을 따라서 타향으로 옮겨 가게 되면 멀리 계신 부모에 대해 사모하는 생각이 없는 듯 소식을 끊나니, 소식을 알지 못하는 부모는 애가 타고 거꾸로 매달린 듯한

고통 속에서 얼굴을 한번 보기를 원하나니, 마치 목마른 이가 물 생각을 하듯이 잠시도 그칠 날이 없으니라.

부모의 은덕은 한량없고 끝이 없으며, 불효의 허물은 말로써 다 드러내기조차 어려우니라."

그때 대중들은 부모의 은덕을 설하신 부처님의 말씀이 너무나 사무쳐서 몸을 땅바닥에 던졌다. 그들은 털구멍마다 피를 쏟고 혼절하였다가 한참 만에 깨어나서 큰소리로 울부짖었다.

"슬프고 괴롭습니다. 저희가 죄인임을 비로소 알았습니다. 지금까지 깨닫지 못하고 깜깜한 밤길을 다니듯이 하다가, 이제 잘못을 깨닫고 보니 가슴속이 다 부서지는 것 같습니다.

바라옵건대 세존이시여, 저희를 불쌍히 여겨 구원해 주옵소서. 어떻게 하여야 부모의 깊은 은혜를 갚을 수 있나이까?"

그때 여래께서는 여덟 가지를 깊고도 장중한 범음(梵音)으로 대중들에게 이르셨다.
"너희는 잘 들어라. 내가 이제 너희를 위해 분별하여 해설해주리라.

①가령 어떤 이가 왼쪽 어깨 위에 아버지를 모시고 오른쪽 어깨 위에 어머니를 모시고서 수미산을 백천 번을 돌되, 피부가 다 닳아 뼈가 드러나고 뼈가 뚫어져 골수가 드러날지라도, 부모의 깊은 은혜는 다 갚지 못하느니라.
②가령 어떤 이가 흉년을 당하였을 때 부모를 위하여 자기의 몸에 있는 살을 다 도

려내고 티끌같이 잘게 썰어 공양하기를 백천 겁 동안 계속할지라도, 부모의 깊은 은혜는 다 갚지 못하느니라.

③가령 어떤 이가 부모를 위하여 날카로운 칼로 소중한 눈을 도려내어 부처님께 바치기를 백천 겁 동안 계속할지라도, 부모의 깊은 은혜는 다 갚지 못하느니라.

④가령 어떤 이가 부모를 위하여 날카로운 칼로 자기의 심장과 간을 베어내고 피가 온 땅을 덮어도 그 고통을 마다하지 않기를 백천 겁 동안 계속할지라도, 부모의 깊은 은혜는 다 갚지 못하느니라.

⑤가령 어떤 이가 부모를 위하여 백천 자루의 칼로 자기의 몸을 찔러 칼날이 좌우로 드나들게 하기를 백천 겁 동안 계속할지라도, 부모의 깊은 은혜는 다 갚지 못하느니라.

⑥가령 어떤 이가 부모를 위하여 자기의 몸에 불을 붙여 등불로 만든 다음 부처님께 공양하기를 백천 겁 동안 계속할지라도, 부모의 깊은 은혜는 다 갚지 못하느니라.

⑦가령 어떤 이가 부모를 위하여 뼈를 부수어 골수를 내고 백천 개의 칼날과 창끝으로 일시에 자기 몸을 찌르기를 백천 겁 동안을 계속할지라도, 부모의 깊은 은혜는 다 갚지 못하느니라.

⑧가령 어떤 이가 부모를 위하여 뜨거운 무쇠 덩어리를 삼키며 백천 겁 동안 온몸을 태워 문드러지게 할지라도, 부모의 깊은 은혜는 다 갚지 못하느니라."

그때 대중들은 부처님께서 설하신 부모의 은덕을 듣고 슬피 울면서 부처님께 아뢰었다.

"세존이시여, 저희가 큰 죄인임을 이제야 알았나이다. 어떻게 하여야 부모의 깊은 은혜를 갚을 수 있겠나이까?"

부처님께서 제자들이게 이르셨다.
"부모의 은혜를 갚고자 하거든
① 부모를 위하여 이 경을 쓰고 [書寫此經]
서 사 차 경
② 부모를 위하여 이 경을 읽고 [讀誦此經]
독 송 차 경
③ 부모를 위하여 허물을 참회하고 [懺悔罪愆]
참 회 죄 건
④ 부모를 위하여 삼보에 공양하고 [供養三寶]
공 양 삼 보
⑤ 부모를 위하여 재계를 지키고 [受持齋戒]
齋 戒   수 지 재 계
⑥ 부모를 위하여 보시하고 복을 닦을지니라
[布施修福].
보 시 수 복

또 자식 된 사람이 밖에서 햇과일을 얻거든 집으로 가지고 와서 부모에게 드릴지니라. 부모는 이것을 얻어 기뻐하면서, 스스로

68

만 먹을 수 없다며 삼보께 올려 공양하게 되면, 곧 보리심을 일으키게 될 것이니라.

부모가 병이 나면 곁을 떠나지 말고 친히 간호할지니라. 주야로 삼보께 귀의하고 부모의 병이 낫기를 축원하며, 잠시라도 은혜를 잊어서는 안 되느니라.

부모가
완고하여 삼보를 받들지 아니하고
어질지 못하여 남을 상하게 하고
의롭지 못하여 남의 물건을 훔치고
예절이 없어 몸을 단정히 하지 못하고
신의가 없어 남을 속이고
지혜가 없어 술에 빠지거든
자식은 그 잘못을 말하고 깨우쳐 주어야 하느니라.

그래도 깨우치지 아니하면 울고 호소하며 스스로의 식음을 전폐할지니라. 부모가 비록

완고할지라도 자식이 죽는 것은 두려워하므로 은애의 정에 못 이겨 바른길로 들어서게 되느니라.

부모가 마침내 오계(五戒)를 받들어,
자비를 알아 죽이지 아니하고
옳음을 알아 훔치지 아니하고
예절을 알아 방탕하지 아니하고
믿음을 알아 속이지 아니하고
지혜를 알아 술 취하지 아니하면
이승에서는 편안 속에 살고 저승에서는 천상에 나게 되어, 부처님을 뵈옵고 법문을 들어 길이길이 지옥의 괴로움을 면하게 되느니라.

만약 능히 이와 같이 하면 효순 하는 자식이라 할 것이요, 이러한 행을 닦지 않으면 지옥의 식구가 될 것이니라."

부처님께서 아난에게 이르셨다.

"불효한 자식은 목숨이 다하면 아비무간 지옥에 떨어지느니라.

이 대지옥은 가로 세로의 길이가 8만 유순이요, 사면이 무쇠성으로 둘러싸여 있고, 그 주위에 쇠그물이 둘러쳐져 있느니라. 붉은 무쇠로 되어 있는 땅에서는 뜨거운 불기둥이 활활 솟으며, 맹렬한 불길이 우레같이 퍼져 가고 번개같이 번쩍이느니라.

여기에서는 구리와 무쇠를 끓여 녹인 물을 죄인의 입에 부어 넣고, 무쇠로 된 뱀과 구리로 된 개가 연신 불꽃과 연기를 뿜어 죄인의 살을 태우되 기름에 들볶듯이 하나니, 그 고통은 참으로 참기 어렵고 견디기 어려우니라.

또 쇠채찍과 쇠꼬창이와 쇠망치와 쇠창과 칼이 비나 구름처럼 공중에서 쏟아져 내려

와서 죄인을 베거나 찔러 심한 고통을 주되,
여러 겁 동안 잠시도 끊일 사이 없이 고통
을 받느니라.

이 죄인이 다시 다른 지옥으로 들어가면,
불화로를 머리에 이게 한 다음, 무쇠 수레를
몰아 사지를 찢으면 창자와 뼈와 살이 불타
고 사방으로 흩어지나니, 이렇게 하루에도
천번 만번을 죽고 살아나기를 되풀이하느니
라.

이와 같은 고통을 받게 되는 것은 모두가
전생에 오역(五逆)의 불효한 죄를 범한 때문이니
라."

그때 대중들이 부처님의 말씀을 듣고 슬
피 울면서 부처님께 아뢰었다.

"저희들가 어떻게 하여야 부모의 깊은 은
혜를 갚을 수 있나이까?"

72

부처님께서 제자들에게 이르셨다.

"부모의 은혜를 갚고자 하거든 부모를 위하여 경전을 펴내도록 하여라. 이것이 참으로 부모의 은혜를 갚는 길이다.

경전 한 권을 만들면 능히 한 부처님을 뵈올 수 있고, 열 권을 만들면 열 부처님을 뵈올 수 있고, 백 권을 만들면 백 부처님을 뵈올 수 있고, 천 권을 만들면 천 부처님을 뵈올 수 있고, 만 권을 만들면 만 부처님을 뵈올 수 있느니라.

이 사람이 경을 펴낸 공덕의 힘으로 부처님들께서 항상 옹호하시어, 그의 부모는 지옥의 고통을 영원히 떠나게 하고, 천상에 태어나 모든 즐거움을 누릴 수 있게 해주시느니라."

〔유통분流通分〕

그때 여러 대중 가운데 있던 천·용·야차·건달바·아수라·가루라·긴나라·마후라가·인비인(人非人) 등과 여러 작은 나라의 왕들과 전륜성왕(轉輪聖王) 등의 모든 대중들이 부처님의 말씀을 듣고 각기 다음과 같은 원을 발하였다.

"저희는 미래 세상이 다할 때까지,
차라리 이 몸을 부순 다음 가는 먼지를 만들어 백천 겁을 지날지언정, 맹세코 부처님의 거룩하신 가르침을 어기지 않겠나이다.
차라리 백천 겁 동안 혀를 백 유순의 길이가 되도록 뽑아 쇠로 만든 쟁기로 갈아서 피가 강을 이룰지언정, 맹세코 부처님의 거룩하신 가르침을 어기지 않겠나이다.

차라리 백천 자루의 칼로 이 몸을 찔러 좌우로 드나들게 할지언정, 맹세코 부처님의 거룩하신 가르침을 어기지 않겠나이다.

차라리 쇠그물로 이 몸을 얽어 백천 겁을 지낼지언정, 맹세코 부처님의 거룩하신 가르침을 어기지 않겠나이다.

차라리 방아로 이 몸을 찧어 백천만 조각이 나고 가죽과 살과 힘줄과 뼈가 모두 가루가 되어 떨어져 나가기를 백천 겁 동안 계속할지언정, 마침내 부처님의 거룩하신 가르침을 어기지 않겠나이다."

그때 아난이 부처님께 여쭈었다.

"세존이시여, 이 경의 이름은 무엇이오며, 저희가 어떻게 받들어 지녀야 하나이까?"

부처님께서 아난에게 이르셨다.

大 報 父 母 恩 重 經

"이 경의 이름은 대보부모은중경이니, 너희는 이 이름으로 항상 받들고 지닐지니라."

그때 천신과 사람과 아수라 등의 대중들 모두가 부처님의 말씀을 듣고 크게 환희하여 믿고 받들고 지녔으며, 부처님께 예를 올리고 물러갔다.

불자   이
불기 25   년   월   일 ~   월   일
대보부모은중경 제   회 사경을 하여
부처님전과 부모님께 올리옵니다.

대보부모은중경
大報父母恩重經

[서분序分]

이와 같이 나는 들었다.
어느 때 부처님께서는 사위국 왕사성의
기수급고독원에서 대비구 3만8천 인과 수많
은 보살마하살과 함께 계시었다.

[정종분正宗分]

그때 세존께서는 대중들과 함께 남방으로
가시다가, 한 무더기의 뼈를 보시고는 오체
五體

投地
투지의 예배를 올리셨다. 이에 아난과 대중
이 부처님께 여쭈었다.
　"세존이시여, 여래는 삼계의 큰 스승이요
四生
사생의 자비로운 어버이인지라 수많은 이들
이 공경하고 귀의하옵니다. 그런데 어찌하여
마른 뼈에다 절을 하시옵니까?"

　부처님께서 아난에게 이르셨다.
　"네가 비록 나의 으뜸가는 제자 중 한 사
람이요 출가한 지가 오래 되었지만 아직 아
는 것이 넓지 못하는구나. 이 한 무더기의
마른 뼈가 어쩌면 내 전생의 조상이거나 여
러 대에 걸친 부모의 뼈일 수 있기 때문에
내가 지금 예배를 하였느니라."

　부처님께서 아난에게 이르셨다.
　"너는 이 한 무더기 마른 뼈를 둘로 나누

어 보아라. 만약 남자의 뼈라면 희고 무거울 것이요, 여인의 뼈라면 검고 가벼우리라."

아난이 부처님께 여쭈었다.
"세존이시여, 남자는 이 세상에 살아 있을 때 큰 옷을 입고 띠를 두르고 신을 신고 모자를 쓰고 다니기에 남자임을 알 수 있고, 여인은 붉은 주사와 연지를 곱게 바르고 좋은 향으로 치장하고 다니므로 여인임을 알 수 있습니다.

그러나 죽은 다음의 백골은 남녀가 다를 바 없는데, 어찌 제자로 하여금 그것을 알아 보라 하시나이까?"

부처님께서 아난에게 이르셨다.
"만약 남자라면 세상에 있을 때 절에 가서 법문도 듣고 경도 외우고 삼보께 예배하

고 염불도 하였을 것이므로, 백골이 희고 무
거우니라.

그러나 여인은 세상에 있을 때 정과 본능
을 좇아 자녀를 낳고 기르나니, 아기를 낳
을 때마다 서 말 서 되나 되는 엉긴 피를
흘리고, 여덟 섬 너 말이나 되는 모유를 먹
이기 때문에 뼈가 검고 가볍게 되느니라."

이 말씀을 듣고 가슴을 도려내는 듯한
아픔을 느낀 아난은 슬피 울면서 부처님께
아뢰었다.

"세존이시여, 어떻게 하여야 어머니의 큰
은덕을 보답할 수 있나이까?"

부처님께서 아난에게 이르셨다.

"잘 듣고 잘 들을지니라. 내 이제 너를 위
해 분별하여 해설하리라. 어머니는 아기를

잉태하여 열 달 동안 지극히 힘든 고통을 받으며 지내느니라.

잉태한 첫 달의 태아는 풀잎 위의 이슬이 아침에 잠시 있을 뿐 저녁까지 보존되지 못하는 것과 같이, 이른 새벽에 피가 모여들었다가 낮이 되면 흩어지느니라.

잉태한 지 두 달째 태아는 끓였을 때 엉긴 우유와 같이 되고

잉태한 지 세 달째 태아는 엉긴 핏덩이와 같고

잉태한 지 네 달째 태아는 차츰 사람의 모양을 이루느니라.

잉태한 지 다섯 달이 되면 어머니 뱃속에서 아기의 오포(五胞)가 생기나니, 오포는 머리와 두 팔꿈치와 두 무릎을 합친 다섯 부분이니라.

잉태한 지 여섯 달이 되면 어머니 뱃속에

서 아기의 여섯 가지 정기〔六精〕가 열리나니, 여섯 가지 정기란 눈·귀·코·입·혀·뜻의 육근이니라.

잉태한 지 일곱 달이 되면 태아는 어머니 뱃속에서 3백6십 뼈마디와 8만4천 모공이 생기느니라.

잉태한 지 여덟 달이 되면 뜻과 지혜가 생기고 구규가 커지느니라.

* 구규 : 두 눈·두 귀·두 콧구멍·입·항문·요도

잉태한 지 아홉 달이면 아기가 어머니 뱃속에서 무엇인가를 먹기 시작하되 복숭아·배·마늘·오곡 등을 직접 먹지 않느니라. 어머니의 심장 등 오장은 아래로 향하고 대장 등의 육부는 위로 향하는데, 그 사이에 한 산이 있느니라. 이 산은 세 가지 이름으로 불리나니, 첫째는 수미산이요, 둘째는 업산이며, 셋째는 혈산이니라. 이 산이 한 번씩

무너져내리면 한 줄기의 엉긴 피가 태아의 입속으로 흘러 들어가게 되느니라.

잉태한 지 열 달이 되면 비로소 태어나니, 효순한 자식이면 주먹을 모아 합장하고 나와서 어머니 몸을 상하지 않게 하느니라. 그러나 오역죄(五逆罪)를 지은 자식이면 어머니의 포태(胞胎)를 쥐어뜯거나 가슴과 배를 움켜잡거나 발로 골반뼈를 밟아, 어머니로 하여금 천 개의 칼로 배를 휘젓고 만 개의 창으로 가슴을 쑤시는 듯한 고통을 느끼게 하느니라.

이와 같이 고통을 겪으며 아기를 해산하는데, 이 위에 다시 열 가지의 큰 은혜가 있느니라."

첫째, 잉태하여 지켜주신 은혜[懷耽守護恩]이니 찬탄하노라.
여러 겁을 맺어 왔던 아주 중한 인연으로

어머니의 　태를빌어 　이세상에 　태어날새
날이가고 　달이차서 　오장(五臟)들이 　생겨났고
일곱달에 　접어들어 　육정(六情)또한 　열렸도다
어머니몸 　산과같이 　둔하고도 　무거워서
쎈바람을 　만난듯이 　몸가누기 　어려우니
아름다움 　비단옷은 　걸칠생각 　조차없고
매일보던 　경대에도 　먼지만이 　쌓였노라

* 육정 : 눈·귀·코·혀·몸·뜻의 육근六根

둘째, 해산할 때 수고하신 은혜〔臨産受苦恩(임산수고은)〕
이니 찬탄하노라.

귀한아기 　몸에품고 　십개월이 　다차가면
참기힘든 　해산날이 　하루하루 　다가올새
아침마다 　일어나면 　중병걸린 　몸과같고
하루하루 　지날수록 　정신마저 　아득하네
두렵고도 　떨리는맘 　무엇으로 　형용할까
근심걱정 　눈물되어 　옷깃가득 　적시누나
슬픈생각 　가이없어 　친족에게 　이르기를

84

이러다가   죽지않나   두렵다고   하는도다

  셋째, 낳은 다음 근심을 잊으신 은혜[生子忘^{생 자 망}
^{우 은}憂恩]이니 찬탄하노라.

자비하신   어머니가   아들딸을   낳는 그때
오장육부   갈기갈기   찢어지고   헤어져서
몸과 마음   모두함께   끊어질 듯   힘이 들고
양을 잡는   자리처럼   피가 흘러   넘치지만
갓난아기   건강하다   그 한마디   듣는 순간
환희롭고   기쁜 마음   끝도 없이   커진다네
기쁜 마음   안정되면   고통들이   되살아나
해산 후의   아픔들이   심장까지   사무치네

  넷째, 쓰면 삼키고 달면 뱉아서 먹인 은혜
^{연 고 토 감 은}[咽苦吐甘恩]이니 찬탄하노라.

부모님의   크신 은혜   깊고 또한   무겁나니
사랑으로   보살피심   한순간도   쉼 없도다

85

단 음식을   다 주시어   드실 것이   없어져서
쓴 음식만   삼키어도   밝은 얼굴   늘 지니고
지중하신   사랑 따라   쏟는 정이   끝없으니
깊고 깊은   은혜 따라   애절함이   더하누나
어느 때나   우리 아기   잘 먹일 것   생각할 뿐
자비하신   어머니는   굶주림도   마다않네

　　다섯째, 아기는 마른자리에 뉘고 자신은
진 자리에 눕는 은혜[廻乾就濕恩]이니 찬란하노
라.
어머니는   진자리에   당신 몸을   누이시고
어린아기   고이고이   마른자리   눕히시네
두 젖으로   배고픔과   목마름을   채워주고
옷소매를   드리워서   찬바람을   가려주며
잠조차도   잊으시고   한결같이   사랑하니
예쁜아기   재롱만을   기쁨으로   삼는구나
오직 하나   어린아기   편한 것만   생각할 뿐

자비로운 어머니는 당신 불편 마다않네

　여섯째, 젖을 먹여 길러주신 은혜[乳哺養育恩]
이니 찬탄하노라.
　어머니의　중한 은덕　견주자면　땅과 같고
　아버님의　높은 은덕　비유하면　하늘이라
　덮어주고　살려주는　하늘땅의　은혜보다
　부모님의　크신 은혜　결코 적지　않으시니
　아기 비록　눈 없어도　미워할 줄　모르시고
　손과 발이　불구라도　싫어하지　않으시네
　배 속에서　피 나누며　친히 낳은　자식이라
　종일토록　아끼시며　사랑으로　베푸누나

　일곱째, 더러운 것을 깨끗이 씻어주신 은
혜[洗濯不淨恩]이니 찬탄하노라.
　생각하면　옛날에는　아름다운　얼굴에다
　몸매 또한　날씬하고　부드러움　가득했네

87

버들같은 두눈썹은 비취빛을 띠었으며
두뺨위의 붉은빛은 연꽃보다 더했도다
자식사랑 깊을수록 고운모습 사라지고
더러운것 씻어줄때 주름들이 늘어나네
그렇지만 한결같이 사랑으로 거두시니
어머니의 얼굴모양 어찌아니 변할손가

여덟째, 떨어져 있는 자식을 걱정하신 은
혜[遠行憶念恩]이니 찬탄하노라.

목숨마쳐 헤어져도 잊지못할 인연인데
살아생전 헤어지면 그마음이 어떠할까
아들딸이 집을떠나 먼곳으로 가게되면
어머니의 마음또한 타향으로 떠나가네
그마음은 어느때나 자식곁에 가있나니
하염없는 눈물줄기 천줄긴가 만줄긴가
새끼생각 원숭이가 달을보고 울부짖듯
자식생각 끊임없어 애간장이 끊어지네

아홉째, 자식을 위해 몹쓸 짓도 감히 하신 은혜[爲造惡業恩]이니 찬탄하노라.

부모님의   은혜로움   강산보다   중하오니
깊고깊은   그 은덕을   언제 모두   갚으리까
아들딸의   괴로움을   대신 받기   원하시고
잘못 하는   자식 보면   불안하기   한없으며
아들딸이   머나먼 길   떠나가는   그 날부터
잘 있을까   춥잖을까   밤낮으로   걱정이요
아들딸이   잠시라도   괴로운 일   겪게 되면
어머니는   오랫동안   마음 아파   하신다네

열째, 끝까지 자식을 사랑하는 은혜[究竟憐愍恩]이니 찬탄하노라.

부모님의   은혜와 덕   깊고 크고   중하여라
사랑으로   베푸심이   끊일 사이   없으시니
앉고 서는   어느 때나   그 마음이   따라가고
멀리 있든   옆에 있든   크신 사랑   함께 있네

어머니의   연세 높아 일백 살이   될지라도
팔십 살 된 늙은 아들 어느 때나 걱정하니
이와 같은 크신 사랑 끝날 때가 언제인가
두 눈 감는 그때라야 그 사랑이 다하려나

　부처님께서 아난에게 이르셨다.
"내가 중생들을 관찰하여 보니, 비록 사람의 모습은 갖추었으나 마음씨가 어리석고 어두워서, 부모의 은덕이 이토록 크다는 것을 생각하지 아니하고 공경하는 마음을 내지 않으며, 은혜를 저버리고 배반을 하거나, 인자한 마음을 잃고 불효와 불의를 범하는 이가 많으니라.
　어머니가 아기를 잉태한 열 달 동안은 일어서고 앉는 것이 편안하지 아니함이 마치 무거운 짐을 진 것과 같고, 음식을 잘 소화시키지 못함이 마치 큰 병자와 같으니라.

달이 차서 아기를 낳을 때 또한 온갖 고통을 받나니, 잠깐의 잘못으로 죽게 되지나 않을까 두려워하고, 돼지나 양을 잡을 때처럼 많은 피를 흘려 바닥을 적시기도 하느니라.

이러한 고통을 겪으며 자식을 낳은 다음에는 쓴 것은 삼키고 단것은 뱉아서 아기에게 먹이며, 품에 안고 고이 기르느니라.

똥오줌을 치우고 빨래하는 것을 수고롭게 여기지 않고, 추위와 더위를 견디는 것을 고생이라 생각하지 않으며, 마른자리에는 아기를 눕히고 젖은 자리는 어머니가 차지하느니라.

3년 동안 어머니의 젖을 먹고 점점 자라 나이가 찰 때까지 예절과 도의를 가르치며, 장가들이고 시집보내고 벼슬도 얻게 하고 직업도 갖게 하느니라.

수고롭게 가르치고 정성 들여 기르는 일
이 끝나도 부모의 은혜로운 정은 끊이지 않
나니, 아들딸이 병이 나면 부모도 병이 나고
아들딸의 병이 나으면 부모의 병도 곧 낫느
니라.

이렇게 양육하며 어서 어른이 되기를 바
라건만, 자식은 장성한 뒤에 도리어 효도를
하지 않느니라.

어른들과 이야기할 때 거칠게 대꾸하고,
심지어 눈을 흘기고 눈알을 부라리며 부모
와 삼촌들을 능멸하며, 형제들을 때리거나
욕하고, 친척들을 헐뜯느니라.

예의가 없어 스승의 가르침을 따르지 않
고, 부모의 가르침이나 분부를 따르지 않으
며, 형제끼리 함께 한 말도 짐짓 지키지 않
느니라.

출입하고 왕래를 할 때 어른께 아뢰지 않고, 말과 행실이 교만하고 버릇이 없으며, 일을 제멋대로 처리하느니라.

이때 부모는 훈계하고 벌을 주어야 하며, 친척들 또한 잘못을 일러주어야 하거늘, 어려서부터 귀엽게만 생각하고 감싸기만 하기 때문에, 자라나면서 점점 사나워지고 비뚤어져서 잘못을 고치기는커녕, 잘못을 일러주면 오히려 성을 내고 원망하고 착한 벗들을 버리고 악한 사람을 가까이 하느니라.

이러한 습성이 거듭되면 마침내 몹쓸 계교를 꾸미다가 남의 꾀임에 빠져 타향으로 도망쳐서, 부모를 등지고 고향을 등진 곳에서 장사를 하거나 싸움터에 나가 그럭저럭 지내다가, 문득 혼인을 하게 되면 이것이 걸림이 되어 오래도록 집으로 돌아가지 않느

니라.

　또한 타향에서 함부로 행동하거나 남의 모략을 받아 구금을 당하거나 억울한 형벌을 받아 감옥에 갇히거나, 병을 얻고 모진 액난에 얽혀 곤란과 고통과 배고픔과 고달픔에 시달릴지라도 돌보아주는 사람이 없느니라.

　또 남의 미움과 천대를 받아 길거리에 나앉아 죽게 되어도 누구 하나 보살펴 줄 사람이 없고, 죽은 다음 시체가 퉁퉁 부어올랐다가 썩어 문드러지면 백골이 바람을 맞으며 타향 땅에서 굴러다니나니, 부모 친족들과 기쁘게 만날 기회는 영영 없어지고 마느니라.

　이때 부모의 마음은 자식을 따르기 마련이므로 길이길이 근심 걱정을 하나니, 혹은 피눈물을 흘리며 울다가 실명을 하고, 혹은

94

너무 슬퍼하다가 기운이 쇠진하여 병들기도
하고, 혹은 자식 걱정으로 쇠약해진 끝에 한
을 품고 죽어 외로운 혼이 되어서도 끝내
자식 생각을 놓지 못하느니라.

또 자식이 효도와 의리를 숭상하지 아니
하고 나쁜 무리들과 어울려서 무례하고 거
칠고 이익이 없는 일을 즐겨 익히거나, 남과
싸우고 때리고 도둑질 하고 남의 마을에 침
범하거나 술 마시고 노름하는 등의 여러 가
지 허물을 두루 범하여, 형제들에게 누를 끼
치고 부모님께 큰 근심을 주느니라.
새벽에 집을 나가서는 늦게 돌아와 부모
를 항상 근심하게 할 뿐, 부모의 사정이나
안부는 아랑곳하지 않고 문안을 드리지도
않느니라.
길이 부모를 편히 모시겠다는 생각은 아

예 없고, 부모의 나이가 많아져서 쇠약하고 파리하게 되면, 남들 보기에 수치스럽다며 구박을 하고 괄시를 하느니라.

또한 아버지가 홀로 되거나 어머니가 홀로 되어 빈방을 지키게 되면 마치 객실에 묵고 있는 나그네 마냥 여겨서 방이나 이불에 먼지가 쌓여도 청소를 해주지 않으며, 아침 저녁 인사를 아예 끊고 추운지 더운지 주린지 목마른지 전혀 아는 체 하지 않나니, 이로 인해 부모는 밤낮으로 탄식하고 슬퍼하느니라.

맛있는 음식이 있으면 마땅히 얻어다가 부모님께 드려야 하거늘, 짐짓 부끄럽고 다른 사람들이 웃는다며 얻어오지 않느니라. 그러나 처자식에게 줄 때는 음식을 얻는 일이 궁색하고 피로하고 창피할지라도 능히

참아내느니라.

또 아내와의 약속은 무슨 일이든지 다 지키면서 부모의 말씀과 꾸지람은 전혀 어려워하거나 두렵게 생각하지 않느니라.

또 결혼하여 남의 배필이 된 딸들은 결혼 전의 효순 하던 것과는 달리 시집간 다음에는 불효한 마음이 차츰 늘어서, 부모의 조그마한 꾸중에도 곧바로 화를 내느니라.

제 남편이 꾸중하고 때리면 달갑게 받아들이고, 성이 다른 남편 쪽의 종친에게는 정을 내고 정중히 대하면서도, 친정의 친척에게는 도리어 성글게 대하느니라.

또 남편을 따라서 타향으로 옮겨 가게 되면 멀리 계신 부모에 대해 사모하는 생각이 없는 듯 소식을 끊나니, 소식을 알지 못하는 부모는 애가 타고 거꾸로 매달린 듯한

고통 속에서 얼굴을 한번 보기를 원하나니, 마치 목마른 이가 물 생각을 하듯이 잠시도 그칠 날이 없으니라.

부모의 은덕은 한량없고 끝이 없으며, 불효의 허물은 말로써 다 드러내기조차 어려우니라."

그때 대중들은 부모의 은덕을 설하신 부처님의 말씀이 너무나 사무쳐서 몸을 땅바닥에 던졌다. 그들은 털구멍마다 피를 쏟고 혼절하였다가 한참 만에 깨어나서 큰소리로 울부짖었다.

"슬프고 괴롭습니다. 저희가 죄인임을 비로소 알았습니다. 지금까지 깨닫지 못하고 깜깜한 밤길을 다니듯이 하다가, 이제 잘못을 깨닫고 보니 가슴속이 다 부서지는 것 같습니다.

바라옵건대 세존이시여, 저희를 불쌍히 여겨 구원해 주옵소서. 어떻게 하여야 부모의 깊은 은혜를 갚을 수 있나이까?"

그때 여래께서는 여덟 가지를 깊고도 장중한 범음(梵音)으로 대중들에게 이르셨다.
"너희는 잘 들어라. 내가 이제 너희를 위해 분별하여 해설해주리라.

① 가령 어떤 이가 왼쪽 어깨 위에 아버지를 모시고 오른쪽 어깨 위에 어머니를 모시고서 수미산을 백천 번을 돌되, 피부가 다 닳아 뼈가 드러나고 뼈가 뚫어져 골수가 드러날지라도, 부모의 깊은 은혜는 다 갚지 못하느니라.
② 가령 어떤 이가 흉년을 당하였을 때 부모를 위하여 자기의 몸에 있는 살을 다 도

려내고 티끌같이 잘게 썰어 공양하기를 백천 겁 동안 계속할지라도, 부모의 깊은 은혜는 다 갚지 못하느니라.

③가령 어떤 이가 부모를 위하여 날카로운 칼로 소중한 눈을 도려내어 부처님께 바치기를 백천 겁 동안 계속할지라도, 부모의 깊은 은혜는 다 갚지 못하느니라.

④가령 어떤 이가 부모를 위하여 날카로운 칼로 자기의 심장과 간을 베어내고 피가 온 땅을 덮어도 그 고통을 마다하지 않기를 백천 겁 동안 계속할지라도, 부모의 깊은 은혜는 다 갚지 못하느니라.

⑤가령 어떤 이가 부모를 위하여 백천 자루의 칼로 자기의 몸을 찔러 칼날이 좌우로 드나들게 하기를 백천 겁 동안 계속할지라도, 부모의 깊은 은혜는 다 갚지 못하느니라.

⑥가령 어떤 이가 부모를 위하여 자기의 몸에 불을 붙여 등불로 만든 다음 부처님께 공양하기를 백천 겁 동안 계속할지라도, 부모의 깊은 은혜는 다 갚지 못하느니라.

⑦가령 어떤 이가 부모를 위하여 뼈를 부수어 골수를 내고 백천 개의 칼날과 창끝으로 일시에 자기 몸을 찌르기를 백천 겁 동안을 계속할지라도, 부모의 깊은 은혜는 다 갚지 못하느니라.

⑧가령 어떤 이가 부모를 위하여 뜨거운 무쇠 덩어리를 삼키며 백천 겁 동안 온몸을 태워 문드러지게 할지라도, 부모의 깊은 은혜는 다 갚지 못하느니라."

그때 대중들은 부처님께서 설하신 부모의 은덕을 듣고 슬피 울면서 부처님께 아뢰었다.

"세존이시여, 저희가 큰 죄인임을 이제야 알았나이다. 어떻게 하여야 부모의 깊은 은혜를 갚을 수 있겠나이까?"

부처님께서 제자들에게 이르셨다.
"부모의 은혜를 갚고자 하거든
① 부모를 위하여 이 경을 쓰고[書寫此經]
② 부모를 위하여 이 경을 읽고[讀誦此經]
③ 부모를 위하여 허물을 참회하고[懺悔罪愆]
④ 부모를 위하여 삼보에 공양하고[供養三寶]
⑤ 부모를 위하여 재계를 지키고[受持齋戒]
⑥ 부모를 위하여 보시하고 복을 닦을지니라 [布施修福].

또 자식 된 사람이 밖에서 햇과일을 얻거든 집으로 가지고 와서 부모에게 드릴지니라. 부모는 이것을 얻어 기뻐하면서, 스스로

만 먹을 수 없다며 삼보께 올려 공양하게
되면, 곧 보리심을 일으키게 될 것이니라.

부모가 병이 나면 곁을 떠나지 말고 친히
간호할지니라. 주야로 삼보께 귀의하고 부
모의 병이 낫기를 축원하며, 잠시라도 은혜
를 잊어서는 안 되느니라.

부모가
완고하여 삼보를 받들지 아니하고
어질지 못하여 남을 상하게 하고
의롭지 못하여 남의 물건을 훔치고
예절이 없어 몸을 단정히 하지 못하고
신의가 없어 남을 속이고
지혜가 없어 술에 빠지거든
자식은 그 잘못을 말하고 깨우쳐 주어야 하
느니라.

그래도 깨우치지 아니하면 울고 호소하며
스스로의 식음을 전폐할지니라. 부모가 비록

완고할지라도 자식이 죽는 것은 두려워하므로 은애의 정에 못 이겨 바른길로 들어서게 되느니라.

부모가 마침내 오계(五戒)를 받들어,
자비를 알아 죽이지 아니하고
옳음을 알아 훔치지 아니하고
예절을 알아 방탕하지 아니하고
믿음을 알아 속이지 아니하고
지혜를 알아 술 취하지 아니하면
이승에서는 편안 속에 살고 저승에서는 천상에 나게 되어, 부처님을 뵈옵고 법문을 들어 길이길이 지옥의 괴로움을 면하게 되느니라.

만약 능히 이와 같이 하면 효순 하는 자식이라 할 것이요, 이러한 행을 닦지 않으면 지옥의 식구가 될 것이니라."

부처님께서 아난에게 이르셨다.

"불효한 자식은 목숨이 다하면 아비무간 지옥에 떨어지느니라.

이 대지옥은 가로 세로의 길이가 8만 유순이요, 사면이 무쇠성으로 들러싸여 있고, 그 주위에 쇠그물이 둘러쳐져 있느니라. 붉은 무쇠로 되어 있는 땅에서는 뜨거운 불기둥이 활활 솟으며, 맹렬한 불길이 우뢰같이 퍼져 가고 번개같이 번쩍이느니라.

여기에서는 구리와 무쇠를 끓여 녹인 물을 죄인의 입에 부어 넣고, 무쇠로 된 뱀과 구리로 된 개가 연신 불꽃과 연기를 뿜어 죄인의 살을 태우되 기름에 들볶듯이 하나니, 그 고통은 참으로 참기 어렵고 견디기 어려우니라.

또 쇠채찍과 쇠꼬창이와 쇠망치와 쇠창과 칼이 비나 구름처럼 공중에서 쏟아져 내려

와서 죄인을 베거나 찔러 심한 고통을 주되,
여러 겁 동안 잠시도 끊일 사이 없이 고통
을 받느니라.

　이 죄인이 다시 다른 지옥으로 들어가면,
불화로를 머리에 이게 한 다음, 무쇠 수레를
몰아 사지를 찢으면 창자와 뼈와 살이 불타
고 사방으로 흩어지나니, 이렇게 하루에도
천번 만번을 죽고 살아나기를 되풀이하느니
라.

　이와 같은 고통을 받게 되는 것은 모두가
전생에 오역(五逆)의 불효한 죄를 범한 때문이니
라."

　그때 대중들이 부처님의 말씀을 듣고 슬
피 울면서 부처님께 아뢰었다.

　"저희들가 어떻게 하여야 부모의 깊은 은
혜를 갚을 수 있나이까?"

부처님께서 제자들에게 이르셨다.

"부모의 은혜를 갚고자 하거든 부모를 위하여 경전을 펴내도록 하여라. 이것이 참으로 부모의 은혜를 갚는 길이다.

경전 한 권을 만들면 능히 한 부처님을 뵈올 수 있고, 열 권을 만들면 열 부처님을 뵈올 수 있고, 백 권을 만들면 백 부처님을 뵈올 수 있고, 천 권을 만들면 천 부처님을 뵈올 수 있고, 만 권을 만들면 만 부처님을 뵈올 수 있느니라.

이 사람이 경을 펴낸 공덕의 힘으로 부처님들께서 항상 옹호하시어, 그의 부모는 지옥의 고통을 영원히 떠나게 하고, 천상에 태어나 모든 즐거움을 누릴 수 있게 해주시느니라."

[유통분流通分]

그때 여러 대중 가운데 있던 천·용·야차·건달바·아수라·가루라·긴나라·마후라가·인비인 人非人 등과 여러 작은 나라의 왕들과 전륜성왕 轉輪聖王 등의 모든 대중들이 부처님의 말씀을 듣고 각기 다음과 같은 원을 발하였다.

"저희는 미래 세상이 다할 때까지,
 차라리 이 몸을 부순 다음 가는 먼지를 만들어 백천 겁을 지날지언정, 맹세코 부처님의 거룩하신 가르침을 어기지 않겠나이다.
 차라리 백천 겁 동안 혀를 백 유순의 길이가 되도록 뽑아 쇠로 만든 쟁기로 갈아서 피가 강을 이룰지언정, 맹세코 부처님의 거룩하신 가르침을 어기지 않겠나이다.

차라리 백천 자루의 칼로 이 몸을 찔러 좌우로 드나들게 할지언정, 맹세코 부처님의 거룩하신 가르침을 어기지 않겠나이다.

　　차라리 쇠그물로 이 몸을 얽어 백천 겁을 지낼지언정, 맹세코 부처님의 거룩하신 가르침을 어기지 않겠나이다.

　　차라리 방아로 이 몸을 찧어 백천만 조각이 나고 가죽과 살과 힘줄과 뼈가 모두 가루가 되어 떨어져 나가기를 백천 겁 동안 계속할지언정, 마침내 부처님의 거룩하신 가르침을 어기지 않겠나이다."

　　그때 아난이 부처님께 여쭈었다.
　　"세존이시여, 이 경의 이름은 무엇이오며, 저희가 어떻게 받들어 지녀야 하나이까?"

　　부처님께서 아난에게 이르셨다.

"이 경의 이름은 대보부모은중경^{大報父母恩重經}이니, 너희는 이 이름으로 항상 받들고 지닐지니라."

그때 천신과 사람과 아수라 등의 대중들 모두가 부처님의 말씀을 듣고 크게 환희하여 믿고 받들고 지녔으며, 부처님께 예를 올리고 물러갔다.

불자　　　　　이
불기 25　　년　월　일 ~ 월　일
대보부모은중경 제　회 사경을 하여
부처님전과 부모님께 올리옵니다.

엮은이 김현준 金鉉埈

   불교신행연구원 원장, 월간 「법공양」 발행인 겸 편집인, 효림출판사와 새벽숲출판사의 주필 및 고문으로 활동하고 있다.
   저서로는『생활 속의 반야심경』·『생활 속의 보왕삼매론』·『관음신앙·관음기도법』·『광명진언 기도법』·『신묘장구대다라니 기도법』·『참회·참회기도법』·『불자의 자녀사랑 기도법』·『사찰 그 속에 깃든 의미』·『사성제와 팔정도』·『육바라밀』·『화엄경 약찬게 풀이』등 30여 종이 있으며, 불자들의 신행을 돕는 사경집 20여 종과 한글 번역서『법화경』·『원각경』·『유마경』·『승만경』·『무량수경』·『약사경』·『지장경』·『보현행원품』·『자비도량참법』·『육조단경』·『선가귀감』등 10여 종이 있다.

부모은중경 사경

초 판 1쇄 펴낸날 2022년   2월 10일

엮은이 김현준
펴낸이 김연수
고 문 김현준

펴낸곳 새벽숲
등록일 2009년 12월 28일 (제321-2009-000242호)
주 소 서울특별시 서초구 반포대로14길 30, 906호 (서초동, 센츄리I)
전 화 (02) 582~6612·587~6612
팩 스 (02) 586~9078
이메일 hyorim@nate.com

값 4,500원

ⓒ 새벽숲 2021
ISBN 979-11-87459-10-1 [03220]

새벽숲은 효림출판사의 자매회사입니다(새벽숲은 曉林의 한글풀이).
잘못 만들어진 책은 바꾸어 드립니다.
이 책은 저작권법에 따라 보호를 받는 저작물이므로 무단전재와 무단복제를 금지합니다.